Garfield

ALBUM GARFIELD  #9

PRESSES AVENTURE

Publié par **Presses Aventure,** une division de
Les Publications Modus Vivendi inc.
55, rue Jean-Talon Ouest, 2ᵉ étage,
Montréal, Québec
Canada
H2R 2W8

Conception de la couverture : Marc Alain
Infographie : Modus Vivendi
Version française : Jean-Robert Saucyer

Dépôt légal, 1ᵉʳ trimestre 2005
Bibliothèque nationale du Québec
Bibliothèque nationale du Canada

ISBN : 2-89543-228-7

Nous reconnaissons le soutien financier du gouvernement du Canada par
l'entremise du Programme d'aide au développement de l'industrie de l'édition
(PADIÉ) pour nos activités d'édition.

Gouvernement du Québec – Programme de crédit d'impôt pour l'édition de
livres – Gestion SODEC

Imprimé en Chine

BONSOIR, MONSIEUR!

POUR VOTRE BON PLAISIR, J'AI FAIT LE DÎNER

ET, POUR VOTRE COMMODITÉ, JE L'AI MÊME MANGÉ!

LE MIEL EST À MOI, DÈS QUE J'AI ÉLOIGNÉ CES ABEILLES

CE POUR QUOI J'AI UN PLAN!

BIEN, ODIE! À PRÉSENT, IMITE LE SON D'UNE MARGUERITE!

GARFIELD, VOILÀ UN CHAPEAU FANTAISISTE!

IL EST VRAI QUE TU ES EXCENTRIQUE

FOURBE, AVEC ÇA!

TIENS! UNE AUTRE ÂME EN PEINE QUI A BESOIN DU SECOURS...

...DE LA BANANE RIEUSE!

MEUÛH!

SPLAT!

GARFIELD, CETTE HISTOIRE DE BANANE RIEUSE A ASSEZ DURÉ!

CHOURIS LORCHQUE TU DIS CHA!

GARFIELD, TON NUMÉRO DE LA BANANE RIEUSE NE M'AMUSE PLUS! TROUVE AUTRE CHOSE!

ICI LE CHAPON CHANTANT, POUR VOUS SERVIR!

AAAAAAHHHH!!!

JE PASSE TOUJOURS LA SOIE DENTAIRE ENTRE CHAQUE FACTEUR!

OÙ VAS-TU À PRÉSENT?

JIM DAVIS

520

EUF!

J'AI UNE MINE SINISTRE, GARFIELD

TU EXAGÈRES!

QUE DIRAIS-TU D'UN REMODELAGE?

D'UNE LIPOSUC-CION?

D'UN REDRESSEMENT

ET D'UN VIBRO-MASSAGE?

MAINTENANT, TU AS UNE MINE SINISTRE!

TU AS MAUVAISE MINE AUJOURD'HUI, GARFIELD

JE ME SENS BIEN, MERCI!

MONTRE-MOI TA LANGUE!

PAS TOUCHE!

DANS CE CAS, COURONS CHEZ LA VET!

NON! NON! LA VOICI!

ET CE TÊTE-À-TÊTE, DOCTEUR?

JE POUSSE LE CHAT JUSQU'À LA RADIOGRAPHIE ET J'Y RÉFLÉCHIS

PROUF

UNE TABLE ROULANTE! ON N'ARRÊTE PAS LE PROGRÈS!

C'EST TOUT RÉFLÉCHI... LA RÉPONSE EST "NON"!

«VOUS PRENDREZ BIEN UN CAFÉ, JON?» AVEC PLAISIR, UN SUCRE, UN LAIT!

FÉLICITATIONS, M. ARBUCKLE!

VOUS DONNEREZ BIENTÔT NAISSANCE À UNE PORTÉE D'ADORABLES CHIOTS

JE DÉTESTE LES CHIOTS!

EN QUOI LE LUNDI MATIN DIFFÈRE-T-IL DES AUTRES?

BLUT!

LES AUTRES MATINS, J'ÉTENDS LE BEURRE D'ARACHIDE APRÈS QUE LE PAIN SOIT GRILLÉ!

JIM DAVIS 6-11

IL FAIT BON S'ÉLOIGNER DE TEMPS EN TEMPS

JIM DAVIS 6-12

PRENDRE DU RECUL ET SE RETROUVER SEUL FACE À SES PENSÉES

SALUT, VIEUX!

QUE FAIS-TU À CETTE ALTITUDE?

TIENS, GARFIELD! UNE GÂTERIE POUR CHAT!

NOM D'UN CHIEN! PAS UNE GÂTERIE POUR CHAT! JE CROIS RÊVER, JE DOIS RÊVER!

TE FATIGUE SURTOUT PAS!

POUR TOI, JE ME DONNERAIS UN LUMBAGO!

JIM DAVIS 6-13

HÉ! HÉ!

IMPRESSIONNANT, TON CHÂTEAU DE SABLE, GARFIELD!

AU FAIT, OÙ EST ODIE?

JIM DAVIS 6-28

GARFIELD, ÉTENDS LA COUVERTURE, DRESSE LE COUVERT, ALLUME LA RADIO...

JIM DAVIS 6-29

ET PLANTE LE PARASOL!

CHONK!

AH!... LA PLAGE N'EST PAS SI MAL...

JIM DAVIS

SLOOUSH!

C'EST CARRÉMENT L'ENFER!

6-30

IMPOSSIBLE DE NE PAS APPRÉCIER LA NATURE ENJOUÉE D'UN FÉLIN!

HÉ! GARFIELD! RIGOLONS ENSEMBLE!

AS-TU PRIS RENDEZ-VOUS?

J'AVOUE!

J'AI MANIGANCÉ EN VUE DE VOLER TA FRIANDISE!

J'AI CE POIDS EN MOINS SUR LA CONSCIENCE

CAPTURER UN OISEAU REQUIERT BEAUCOUP DE PATIENCE...

EUH... GARFIELD!

CHUT!

CL!C

GARFIELD! QU'AS-TU ENCORE MANIGANCÉ?

QU'EST-CE QUI TE FAIT CROIRE QUE J'AI MANIGANCÉ QUELQUE CHOSE?

GARE AU CHIEN

UNE MINUTE DE SINGERIES!

BOU-HOU!

EUF...

SI TU T'ENNUIES, TU DEVRAIS TE TROUVER UN HOBBY!

M'ENNUYER EST MON HOBBY!

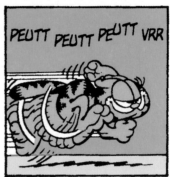

SURPRISE, GARFIELD! AUJOURD'HUI, NOUS ALLONS À LA FERME

BIEN!

LE TEMPS DE PASSER UNE TENUE CONVENABLE...

♪ SI SEULEMENT J'AVAIS UN CERVEAU ♪

PLUS UN MOT!

JIM DAVIS 7-16

LA VIE À LA CAMPAGNE N'EST-ELLE PAS PARFOIS ENNUYEUSE, CENT WATTS?

JAMAIS!

JIM DAVIS 7-17

PLUS UN MOT! LE SPECTACLE COMMENCE...

VOILÀ DE NOUVEAU LA CHAUSSETTE ROUGE!

QUELLE SORTE DE CHIEN EST-CE, JON?

HÉ BIEN... C'EST UN... EUH...

J'AI UNE IDÉE!

QUOI DONC?

7-18

UN MINABLE!

JIM DAVIS

VOICI LE VIEUX YARBER, GARFIELD!

IL NE S'EST JAMAIS CONVERTI AUX MÉTHODES MODERNES

JIM DAVIS 7-19

LE VIEUX FOU FOUETTE SON TRACTEUR!

HO-HU! AVANCE!

VIENS UN PEU SUR LES GENOUX DE MAMAN!

JE SUIS TROP GRAND À PRÉSENT

TAP TAP TAP

BALIVERNES! TU ES TOUJOURS MON PETIT GARÇON. ALLEZ! VIENS...

BON, D'ACCORD!

TAP TAP

SUIS-JE TROP LOURD, MAMAN?... MAMAN?

JIM DAVIS 7-20

EST-CE UN BEAU COUCHER DE SOLEIL OU QUOI, GARFIELD?

JE DIRAIS "OU QUOI"!

JIM D VIS 7-21

PEUT-ON CHANGER DE POSTE À PRÉSENT?

GARFIELD

IL FAIT 35 GARFIELD ET LES GENS MEURENT DE CHALEUR

MAIS PAS MOI ET SAIS-TU POURQUOI?

PARCE QUE JE PORTE DES CHAUSSETTES CLIMATISÉES!

CE TYPE A BESOIN D'UN HOBBY

NOUS MENONS L'EXISTENCE LA PLUS TERNE QUI SOIT

JIM DAVIS 7-24

TERNE À QUEL POINT, DITES-VOUS?

HÉ, GARFIELD! J'AI TROUVÉ UN PÉPIN DANS UN RAISIN SANS PÉPINS!

PLUS TERNE, TU MEURS!

CATASTROPHE! DU SIROP DE CHOCOLAT ET PAS DE GLACE VANILLE!

D'ACCORD! C'EST PAS LA CATASTROPHE!

JIM DAVIS 7-25

QUE DIS-TU DES NOUVEAUX RIDEAUX, GARFIELD? ILS SONT PRÉ-DÉCHIRÉS, DE SORTE QUE TU NE PEUX RIEN CONTRE EUX.

TIENS! ILS SONT FOUTUS!

JIM DAVIS 7-26

DEVINE UN PEU, GARFIELD!

TON EXISTENCE EST DÉSESPÉRÉMENT INUTILE?

JE CROIS QUE MES PANTOUFLES SONT EN AMOUR!

J'AI ENCORE RAISON!

JIM DAVIS 7-27

SAVIEZ-VOUS QU'ON PEUT NUIRE AUX PLANTES EN LEUR PARLANT?

JIM DAVIS 7-28

OBSERVEZ!

PUIS J'AI COLLECTIONNÉ LES TIMBRES. J'ADORAIS LES COLLER SUR MON FRONT...

J'EN AI EU DES ROUGES, DES VERTS, DES BLEUS AUSSI, PUIS DES ROSES...

SAUVONS LA FORÊT!

UNE GUÊPE!

JIM DAVIS 7-30

PROUF! BAM! CRASH! WHAM! CROUCH!

INUTILE DE ME REMERCIER, JON!

C'ÉTAIT UNE MOUCHE!

GARFIELD, AIMERAIS-TU JOUER AVEC CETTE PELOTE DE LAINE?

JIM DAVIS 7-31

POURQUOI PAS?

À TOI L'HONNEUR!

LE DÎNER TE PLAÎT, GARFIELD?

TU PARLES!

J'ADORE LA LASAGNE!

JIM DAVIS 8-1

COMMENT TROUVES-TU LE "THON ET FOIE"?

TU N'ES QU'UN VAURIEN, GARFIELD

TU NE FERAS RIEN QUI VAILLE EN RESTANT ALLONGÉ AINSI

ERREUR! MICHEL-ANGE A PEINT LA CHAPELLE SIXTINE DANS CETTE POSITION, L'AMI!

TU SOUHAITES QUE JE TE LISE UNE HISTOIRE POUR T'ENDORMIR?

D'ACCORD! AVEC PLAISIR!

«FAITES BLONDIR LE CONCASSÉ D'OIGNON, APRÈS QUOI AJOUTEZ LES LAMELLES DE CHAMPIGNONS...»

J'AI COLLÉ ODIE SUR UN MUR

PUIS JE L'AI ENDUIT DE MIEL ET JE LUI AI COINCÉ LE MUSEAU DANS UN POT DE MARINADES!

HUM! J'ESPÈRE QUE JE N'AI PAS EU L'AIR DE ME VANTER!

LES RÉUNIONS DE FAMILLE ONT UNE GRANDE IMPORTANCE

ELLES NOUS PERMETTENT DE RIGOLER ET DE NOUS RAPPROCHER

PAS VRAI, LES GARS?

JE VEUX ÊTRE DÉSAVOUÉ

NOUS N'AVONS PAS DE COURRIER AUJOURD'HUI

OUI, NOUS EN AVONS!

EN FAIT, NOUS AVONS TOUT LE COURRIER!

AINSI PREND FIN UNE AUTRE JOURNÉE...

UNE AUTRE JOURNÉE AU COURS DE LAQUELLE JE N'AI RIEN ACCOMPLI...

UNE AUTRE JOURNÉE EXEMPLAIRE...

HÉ! QU'EST-IL ADVENU DES SIX CAISSES DE SODA MOUSSE QUE J'AVAIS...

... ICI?

AAAHHH!

ODIE! SAUVE QUI PEUT!

JIM DAVIS 8-26

BURRRRP

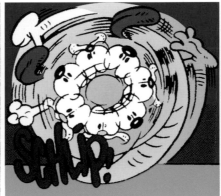

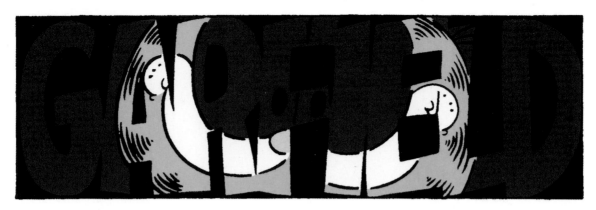

Z

BING!

ENCORE TOMBÉ DE TON LIT, GARFIELD?

ÇA DEVIENT EMBARRASSANT!

ATTENDS UN PEU, J'AI PEUT-ÊTRE UNE SOLUTION...

VOILÀ! MA CEINTURE T'EMPÊCHERA DE TOMBER DE NOUVEAU

PROUF!

ENCORE TRÉBUCHÉ DANS TON PANTALON, JON?

ÇA DEVIENT EMBARRASSANT!

JIM DAVIS 9.16

QU'EST-CE QUI TE PLAIRAIT LE PLUS: ALLER À LA FERME OU ALLER CAMPER?

EST-CE QUE JE NE POURRAIS PAS PLUTÔT SUBIR UNE AMPUTATION?

CIEL! IL FAIT FROID! VITE QUE J'ENFILE MES NOUVELLES CHAUSSETTES ÉLECTRIQUES!

MAIS... OÙ SONT-ELLES?

RIEN N'ÉGALE UNE BONNE CHAUSSETTE DE CAFÉ LE MATIN, HEIN ODIE?

BLUP

QUE DIS-TU DE LA NOUVELLE TENTE, GARFIELD? JE L'AI ACHETÉE EN SOLDE

PSCHITT!

TOUTE UNE AUBAINE!

FLIC FLAC
FLIC FLAC
FLIC FLAC

AAAH!

TOUT UN ORAGE QUE NOUS AVONS EU CETTE NUIT, HEIN LES AMIS?

J'ESPÈRE QUE LES PROVISIONS NE SONT PAS TREMPÉES

UN CRAQUELIN?

LA PLUIE NE CESSERA PAS DE SITÔT. PLIONS BAGAGES ET RENTRONS!

TOUT Y EST, PARTONS!

VLAN!

DIRE QUE JE DÉTESTAIS ME LEVER LE MATIN!

J'ADORE OBSERVER LES ARAIGNÉES

WHAM!

ON PEUT MIEUX LES OBSERVER SI ELLES NE REMUENT PAS!

ALLONS, GARFIELD!

RENTRE-MOI CE VENTRE!

BEAUCOUP MIEUX!

JIM DAVIS 10-11

J'AI MONTRÉ UN NOUVEAU TRUC À ODIE

POUF!

PAR TERRE, LE CHIEN!

BRAVE CHIEN!

JIM DAVIS 10-12

VOICI UNE PHOTO DE MON PÈRE!

«UN BON FERMIER DOIT CULTIVER LE SENS DE L'HUMOUR», DISAIT-IL

VOILÀ QUI EXPLIQUE L'ÉPI DE MAÏS DANS SON OREILLE!

JIM DAVIS 10-13

ENCORE SUR MON DERRIÈRE À PERDRE MON TEMPS DEVANT LA TÉLÉ

PENDANT QUE D'AUTRES SE DONNENT CŒUR ET ÂME POUR FAIRE BOUGER LES CHOSES!

JIM DAVIS 10-18

JE M'ENNUIE PLUS QUE TOI!

HÉLAS NON!

JIM DAVIS 10-19

DRRRING!

JIM DAVIS 10-20

TIC TIC TIC TIC TIC

AAAHHHH!

TIC TIC TIC TIC

POUR LA TERRE DE FEU

VOICI, JON! TIENS CE CÂBLE!

ALLEZ-Y LES GARS!

MERCI, LES GARS!

JIM DAVIS 10-22

JON, REGARDE ÇA! J'AI NOUÉ TES CHAUSSETTES, LES AI TREMPÉES DANS DE LA COLLE ET J'AI FABRIQUÉ CE BÂTON DÉCORATIF

GARFIELD!!

CE N'EST PEUT-ÊTRE PAS LE MEILLEUR MOMENT DE LUI MONTRER LE COLLAGE RÉALISÉ AVEC SES CALEÇONS!

JIM DAVIS 10-23

EUF!

C'EST LE MOMENT DE LA JOURNÉE OÙ MON ÉNERGIE FAIBLIT

LE MOMENT OÙ JE SUIS ÉVEILLÉ!

J'AI L'ÉCHELLE, LA CORDE ÉLASTIQUE, JE SUIS COSTUMÉ EN ARAIGNÉE...

LE FACTEUR AURA UNE SYNCOPE QUAND JE ME JETTERAI SUR LUI!

LE VOICI!

PROUF!

C'ÉTAIT PRÉVISIBLE, JE CROIS!

CETTE FOIS, ODIE, TU TOUCHERAS LE PLAFOND!

...QUE DIS-JE? LA LUNE!

...AU DIABLE LA LUNE! TU VISITERAS UNE AUTRE GALAXIE!

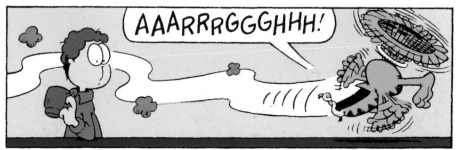

AAARRRGGGHHH!

UN BALLON GONFLÉ D'EAU DANS SON PANTALON!

SPLASH!

AINSI S'ACHÈVE MON ŒUVRE!

ELLEN, ICI JON, VOTRE ESCORTE DE CE SOIR

VOUS PARLER DE MOI?

HÉ BIEN, HIER JE ME SUIS FAIT PHOTOGRAPHIER SUR UN PONEY!

LA PAUVRE, ELLE SANGLOTE DÉJÀ!

GARFIELD, NOUS AVONS TOUTE UNE JOURNÉE DEVANT NOUS!

NOUS POURRIONS FAIRE UNE PROMENADE

LAISSE TOMBER!

OU NOUS POURRIONS NOUS EMPIFFRER DE CROUSTILLES SANS REMUER

OH! LA BELLE JOURNÉE QUI S'OFFRE À NOUS!